CHANSONNIER

DE BACCHUS.

LE
CHANSONNIER
DE BACCHUS.

RECUEIL

DE CHANSONS DE TABLE LES PLUS JOLIES
ET LES PLUS NOUVELLES.

AVIGNON,

Pierre CHAILLOT Jeune , Imprimeur-Lib.
Place du Palais.
1829.

CHANSONNIER

DE BACCHUS.

LA GRANDE ORGIE.

Air : *Vive le vin de Ramponneau.*

Le vin charme tous les esprits,
Qu'on le donne
Par tonne.
Que le vin pleuve dans Paris,
Pour voir les gens les plus aigris
Gris.

Non, plus d'accès
Aux procès ;
Vidons, joyeux Français,
Nos caves renommées.
Qu'un censeur vain
Croie en vain
Fuir le pouvoir du vin,
Et s'enivre aux fumées.
Le vin charme, etc.

E.

Graves auteurs,
Froids rhéteurs,
Tristes prédicateurs,
Endormeurs d'auditoires,
Gens à pamphlets,
A couplets,
Changez en gobelets
Vos larges écritoires.
Le vin charme, etc.

Loin du fracas
Des combats,
Dans nos vins délicats
Mars a noyé ses foudres.
Gardiens de nos
Arsenaux,
Cédez-nous les tonneaux
Où vous mettiez vos poudres.
Le vin charme, etc.

Nous qui courons
Les tendrons,
De Cythère enivrons
Les colombes légères,
Oiseaux chéris

De Cypris ,
Venez , malgré nos cris ,
Boire au fond de nos verres.

L'or a cent fois
Trop de poids.
Un essaim de grivois ,
Buvant à leurs mignonnes ,
Trouve au total
Ce cristal
Préférable au métal
Dont on fait les couronnes.

Enfans charmans
De mamans
Qui des grands sentimens
Banniront la folie ,
Nos fils bien gros ,
Bien dispos ,
Naîtront parmi les pots
Le front taché de lie.
Le vin charme , etc.

Fi d'un honneur
Suborneur !

Enfin du vrai bonheur
Nous porterons les signes.
Les rois boiront
Tous en rond ;
Tous en rond ;
Les lauriers serviront
D'échalas à nos vignes.
Le vin charme, etc.

Raison, adieu !
Qu'en ce lieu,
Succombant sous le dieu,
Objet de nos louanges,
Bien ou mal mis,
Tous amis,
Dans l'ivresse endormis,
Nous rêvions les vendanges !

Le vin charme tous les esprits :
Qu'on le donne
Par tonne.
Que le vin pleuve dans Paris,
Pour voir les gens les plus aigris
Gris.

LA BOUTEILLE.

Air de la parole.

Plaisirs d'un cœur ambitieux,
Dignités , grandeurs et richesse ,
Biens si vantés , si précieux ,
Vous n'avez rien qui m'intéresse ;
Je vous contemple avec froideur ,
Quand je m'endors , quand je m'éveille :
Votre éclat perfide et trompeur ,
A l'œil enchanté d'un buveur ,
Ne vaudra jamais *(bis)* la bouteille.

Par l'amour ou par l'amitié.
Votre foi fut-elle trahie ?
Avez-vous de votre moitié
Éprouvé quelque perfidie ?
Un pareil malheur est bien dur.
S'en affliger n'est pas merveille :
Mais pour l'oublier, à coup sûr ,
Je sais un moyen toujours sûr ,
Et ce moyen , c'est *(bis)* la bouteille.

1...

Constante idole des buveurs ,
Tu ne ressembles pas aux belles :
Plus tu prodigues tes faveurs ,
Moins tu rencontres d'infidèles.
Couronné de pampres joyeux ,
Silène assis sous une treille ,
Le verre en main , content , joyeux ,
Pour le sceptre même des dieux
N'aurait pas donné *(bis)* sa bouteille.

Le dieu de Cythère en naissant
De s'enivrer eut fantaisie ,
Et Vénus offrit à l'enfant
Deux jolis flacons d'ambroisie.
Depuis ces momens bien connus ,
Sitôt que l'Amour nous éveille ,
En dépit des droits de Bacchus ,
Avec ivresse , de Vénus
On aime à presser *(bis)* la bouteille.

LE VIN.

Air du *petit Matelot.*

Pour mieux redoubler mon ivresse,
Je veux encor chanter le vin,
Cette liqueur enchanteresse,
Où je sus noyer le chagrin.
Bacchus du plaisir est le père ;
De son jus goûtons la douceur :
Mes amis, c'est au fond du verre
Que l'homme trouve le bonheur.

Le vin nous conduit à la gloire,
Il anime tous nos travaux ;
Quelquefois à force de boire,
Le poltron devient un héros.
Le vin nous donne de la grâce
(Bacchus est l'ami d'Apollon) :
Il inspira les vers d'Horace,
Et les chansons d'Anacréon.

Au dieu qui préside à la treille,

L'Amour souvent dut ses succès :
Pour mieux blesser , dans la bouteille
L'enfant malin trempe ses traits.
En buvant, la belle soupire ,
Elle ne voit plus le danger ;
Et du vin l'aimable délire
Fait sonner l'heure du berger.

Pour charmer le cours de la vie ,
Ne songeons point au lendemain ;
Et pour toute philosophie
Répétons toujours ce refrain :
Bacchus du plaisir est le père ,
De son jus goûtons la douceur :
Mes amis, c'est au fond du verre
Que l'homme trouve le bonheur.

TRINQUONS.

Air : *La catacoua.*

Trinquer est un plaisir fort sage
Qu'aujourd'hui l'on traite d'abus.
Quand du mépris d'un tel usage

Les gens du monde sont imbus,
De le suivre, amis, faisons gloire,
Riant de qui peut s'en moquer;
  Et pour choquer,
  Nous provoquer,
Le verre en main, en rond nous attaquer;
D'abord nous trinquerons pour boire,
Et puis nous boirons pour trinquer.

A table, croyez que nos pères
N'enviaient point le sort des rois,
Et qu'au fragile éclat des verres
Ils le comparaient quelquefois.
A voix pleine ils chantaient Grégoire,
Docteur que l'on peut expliquer;
  Et pour choquer,
  Se provoquer,
Le verre en main, tous en rond s'attaquer,
Nos bons aïeux trinquaient pour boire,
Et puis ils buvaient pour trinquer.

L'Amour alors près de nos mères,
Faisant chorus, battant des mains,
Rapprochait les cœurs et les verres,
Enivrait avec tous les vins.

Aussi n'a-t-on pas la mémoire
Qu'une belle ait voulu manquer ;
    Pour bien choquer,
    A provoquer,
Le verre en main , chacun à l'attaquer :
D'abord elle trinquait pour boire ,
Puis elle buvait pour trinquer.

Qu'on boive aux maîtres de la terre,
Qui n'en boivent pas plus gaîment ;
Je veux , libre par caractère ,
Boire à mes amis seulement.
Malheur à ceux dont l'humeur noire
S'obstine à ne point remarquer
    Que pour choquer,
    Se provoquer,
Le verre en main , tous en rond s'attaquer
L'amitié , qui trinque pour boire ,
Boit bien plus encor pour trinquer.

LE POUVOIR DU VIN.

Air : *C'est l'amour, l'amour.*

C'est le vin, le vin, le vin,
    Qui m'enchante,
    Et que je chante;
    C'est avec ce jus divin
    Qu'on brave le destin.

Qui rend l'usurier plus traitable
Et le guerrier plus courageux?
Qui fait chanter près d'une table
Le mortel le plus malheureux;
    Qui fait chérir l'automne,
    Qui met en belle humeur,
    Et qui fut d'Erigone
    Le séduisant vainqueur?
    C'est le vin, etc.

Qui fait chanceler la fillette
Au combat secret des amours,
Qui fait parfois mettre en goguette

L'homme des champs, celui des cours ;
  Qui fait fuir la tristesse,
  Qui nous rend plus humain :
  Qui donne l'allégresse
  Et réveille un festin ?
  C'est le vin , etc.

Qui nous fait mépriser l'envie,
Et qui nous rend frais et dispos ;
Qui donne l'essor au génie ,
Qui d'un poltron fait un héros ?
  Qui fait que l'on révère
  Piron , Collé , Panard ;
  Quel baume salutaire
  Réchauffe le vieillard ?
  C'est le vin, etc.

Qui rend le censeur moins sévère ?
Qui rend l'époux plus caressant ?
Qui rend un ami plus sincère ?
Qui rend la franchise au Normand ?
  Qui dévoile un mystère
  Où l'amour est admis ?
  Qui rend sur cette terre
  Tous les hommes unis ?
  C'est le vin , etc.

MADAME GRÉGOIRE.

Air : *C'est le gros Thomas.*

C'était de mon temps
Que brillait madame Grégoire.
J'allais , à vingt ans ,
Dans son cabaret rire et boire ;
Elle attirait les gens
Par des airs engageans.
Plus d'un brun à large poitrine
Avait là crédit sur sa mine.
Ah ! comme on entrait
Boire à son cabaret !

D'un certain époux ,
Bien qu'elle pleurât la mémoire,
Personne de nous
N'avait connu défunt Grégoire ;
Mais à le remplacer ,
Qu'on eût voulu penser !
Heureux l'écot où la commère

Apportait sa pinte et son verre !
 Ah ! comme on entrait
 Boire à son cabaret !

 Je crois voir encor
Son gros rire aller jusqu'aux larmes,
 Et sous sa croix d'or
L'ampleur de ses pudiques charmes.
 Sur tous ses agrémens
 Consultez ses amans :
Au comptoir la sensible brune
Leur rendait deux pièces pour une
 Ah ! comme on entrait
 Boire à son cabaret !

 Des buveurs grivois
Les femmes lui cherchaient querelle,
 Que j'ai vu de fois
Des galans se battre pour elle !
 La garde et les amours
 Se chamaillant toujours,
Elle, en femme des plus capables,
Dans son lit cachait les coupables.
 Ah ! comme on entrait
 Boire à son cabaret !

Quand ce fut mon tour
D'être en tout le maître chez elle ,
C'était chaque jour
Pour mes amis fête nouvelle.
Je ne suis point jaloux ;
Nous nous arrangions tous.
L'hôtesse poussant à la vente ,
Nous livrait jusqu'à la servante.
Ah ! comme on entrait
Boire à son cabaret !

Tout est bien changé :
N'ayant plus rien à mettre en perce.
Elle a pris congé
Et des plaisirs et du commerce.
Que je regrette , hélas !
Sa cave et ses appas !
Long-temps encor chaque pratique
S'écrîra devant sa boutique :
Ah ! comme on entrait
Boire à son cabaret !

LE COUP DU MILIEU,

CHANSON DE TABLE.

Air : *J'ai vu partout dans mes voyages.*

Nos bons aïeux aimaient à boire
Que pouvons-nous faire de mieux ?
Versez , versez , je me fais gloire
De ressembler à mes aïeux.
Entre le Chablis que j'honore,
Et l'Aï , dont je fais mon dieu ,
Savez-vous ce que j'aime encore ?
C'est le petit coup du milieu.

Je bois quand je me mets à table ,
Et le vin m'ouvre l'appétit ;
Bientôt ce nectar délectable
Au dessert m'ouvrira l'esprit ;
Si tu veux combler mon ivresse ,
Viens , Amour , viens , espiègle dieu ,
Pour trinquer avec ma maîtresse ,
M'apprêter le coup du milieu.

Ce joli coup , chers camarades ,
A pris naissance dans les cieux ;
Les dieux buvaient force rasades ,
Buvaient enfin comme des dieux ;
Les déesses , femmes discrètes ,
Ne prenaient point goût à ce jeu ;
Vénus , pour les mettre en goguettes ,
Proposa le coup du milieu.

Aussitôt cet aimable usage
Par l'Amour nous fut apporté ;
Chez nous son premier avantage
Fut d'apprivoiser la beauté.
Le sexe , à Bacchus moins rebelle ,
Lui rend hommage en temps et lieu ;
Et l'on ne voit point une belle
Refuser le coup du milieu.

Buvons à la paix , à la gloire ;
Ce plaisir nous est bien permis :
Doublons les rasades pour boire
A la santé de nos amis.
De Momus , disciples fidèles ,
Buvons à Panard , à Chaulieu :
Mais pour la santé de nos belles
Réservons le coup du milieu.

LES FRUITS ROUGES.

Air du petit Matelot.

Une gentille cuisinière
Me plaît beaucoup ; mais je jouis
Quand ma vive et brune fermière
Pour dessert m'apporte des fruits.
Qu'un autre achète des prémices ;
J'aime les fruits au teint vermeil ,
Et ne savoure avec délices
Que ceux mûris par le soleil.

Cueillons la groseille riante
Qui vient tenter le goût et l'œil :
Loin d'ici la mûre sanglante !
De Pyrame elle offre le deuil.
Oh ! pour la fraise parfumée ,
Emblême du bouton charmant
Que vous voile ma bien aimée....
Mes amis , j'en suis très-friand.

Je ne dis rien de la framboise ,

Étrangère à mon sol natal ;
Laissons à la muse bourgeoise
Chanter ce qu'elle connaît mal.
Mais l'Espoir, devançant l'Automne,
Salue au loin les dons pourprés
Dont les côteaux de la Garonne
Par Bacchus seront colorés.

LA BOUTEILLE VOLÉE.

Air : *La fête des bonnes gens.*

Sans bruit, dans ma retraite,
Hier l'Amour pénétra,
Courut à ma cachette,
Et de mon vin s'empara.
Depuis lors ma voïx sommeille ;
Adieu tous mes joyeux sons.
Amour, rends-moi ma bouteille,
Ma bouteille et mes chansons.

Iris, dame et coquette,
A ce larcin l'a poussé.
Je n'ai plus la recette

Qui soulage un cœur blessé.
C'est pour gémir que je veille,
En proie aux jaloux soupçons.
Amour, rends-moi ma bouteille,
Ma bouteille et mes chansons.

Épicurien aimable,
A verser frais m'invitant,
Un vieil ami de table
Me tend son verre en chantant;
Un autre vient à l'oreille
Me demander des leçons.
Amour, rends-moi ma bouteille,
Ma bouteille et mes chansons.

Tant qu'Iris eut contre elle
Ce bon vin si regretté,
Grisette folle et belle
Tenait mon cœur en gaîté.
Lison n'a point sa pareille,
Pour vivre avec des garçons.
Amour, rends-moi ma bouteille,
Ma bouteille et mes chansons.

Mais le filou se livre;

Joyeux,

Joyeux, il vient à ma voix :
De mon vin il est ivre,
Et n'en a bu que deux doigts.
Qu'Iris soit une merveille,
Je me ris de ses façons :
Amour me rend ma bouteille,
Ma bouteille et mes chansons.

POUVOIR DU VIN DE BOURGOGNE.

Air : *Eh! bon, bon, bon! que le vin est bon.*

Quand je suis avec mes amis,
Alors je me crois tout permis ;
Morbleu! rien ne m'arrête.
Ça, courage, gentil voisin,
Comme moi mettez-vous en train
Dans cette aimable fête.
Rions, chantons à qui mieux mieux,
Sablons ce jus délicieux,
Eh! bon, bon, bon !
Le vin bourguignon
Me chatouille la tête.

Chansonnier de Bacchus,   2

Quant je tiens ce flacon brillant ,
Je suis vif , je suis sémillant ,
   Et fou de haute gamme.
Ai-je le cœur froid de chagrin ,
Mes chers amis , c'est le bon vin
   Qui l'égaie ou l'enflamme.
Adieu soucis , *nescio vos*.
Ici vont pleuvoir les bons mots :
   Eh ! bon , bon , bon !
   Le vin bourguignon
Me donne encore une âme.

Non , non , je ne veux plus aimer,
Et je verrais sans m'enflammer
   Les grâces et leur mère.
La plus harmonieuse voix ,
Comme le plus piquant minois ,
   Ne sont plus mon affaire.
L'Amour promet plus qu'il ne tient :
Bacchus à jamais me retient.
   Eh ! bon , bon , bon !
   Le vin bourguignon
Vaut mieux que tout Cythère.

Si je sens là quelqu'embarras ,

Chers amis , je n'appelle pas
   Esculape à mon aide :
Je verrais un petit docteur ,
Du dieu d'Épidaure inspecteur ,
   M'ordonner de l'eau tiède.
Après de bachiques exploits ,
Suis-je réduit presque aux abois ?
   Eh ! bon , bon , bon !
   Le vin bourguignon
Est encor mon remède.

Assis sur de riches tas d'or ,
L'avare , en couvrant son trésor ,
   De nos maux se console.
Plutus ne m'offre jamais rien ;
Ces pots , ce nectar sont mon bien ;
   Bacchus est mon idole.
Que m'importe l'argent comptant ?
Sans ce métal je vis content.
   Eh ! bon , bon , bon !
   Le vin bourguignon ,
Amis , est mon Pactole.

LE CHAMPAGNE.

Air *de Turenne.*

Riant de l'austère sagesse,
Entre une treille et la beauté,
A la place de la tristesse,
J'aime à retrouver la gaîté.
Ici me croyant à Cocagne,
De chanter j'ai fait le projet ;
Or, je suis plein de mon sujet,
Car je vais chanter le Champagne.

Fier de renverser les entraves,
Du Français j'aime la valeur ;
Comme le Champagne, nos braves
Sont pétillans au champ d'honneur.
Pour terminer une campagne,
En frappant d'un bras affermi,
Ils ont, pour vaincre l'ennemi,
La vivacité du Champagne.

L'éclat sulfureux du tonnerre

N'a rien qui me fasse frémir ;
Pourvu qu'il respecte mon verre,
Je suis tout prêt à le bénir.
Quant en grondant sur la campagne
Son fracas déchire le ciel,
Je crois voir le père Éternel....
Brisant un flacon de Champagne.

Entre la Seine et la Tamise ,
Amis , point de comparaison ;
Ici la folie est admise ,
Et là-bas règne la raison ;
Le Français fête sa compagne ,
Quand l'Anglais de se pendre est fier ;
C'est qu'à Londres on boit du Porter ,
Et qu'à Paris , c'est du Champagne.

Ah ! cette liqueur sans pareille
Chez la beauté reçut le jour ;
Sa nourrice fut une treille ,
Mais son vrai père fut l'Amour.
Femme que la grâce accompagne ,
Je le vois dans votre œil malin ,
Ce fut d'un cerveau féminin
Qu'Amour fit jaillir le Champagne.

Image de l'indépendance ,
J'aime ce vin séditieux ;
Voyez ce bouchon , il s'élance
De cette table jusqu'aux cieux !
Pour battre là-haut la campagne ,
Pourquoi faut-il , joyeux lurons,
Que de ce monde nous partions....
Aussi vite que le Champagne ?

LES PETITS COUPS.

Air : *Tout ça passe en même temps.*

Maîtres de tous nos désirs ,
Réglons-les sans les contraindre :
Plus l'excès nuit aux plaisirs ,
Amis , plus nous devons le craindre.
Autour d'une petite table ,
Dans ce petit coin fait pour nous ,
Du vin vieux d'un hôte aimable
Il faut boire *(ter)* à petits coups.

Pour éviter bien des maux ,

Veut-on suivre ma recette ,
 Que l'on nage entre deux eaux ,
Et qu'entre deux vins l'on se mette.
Le bonheur tient au savoir-vivre :
De l'abus naissent les dégoûts ;
 Trop à la fois nous enivre :
 Il faut boire *(ter)* à petits coups.

 Loin d'en murmurer en vain ,
 Égayons notre indigence ;
 Il suffit d'un doigt de vin
Pour réconforter l'espérance.
Et vous , que flatte un sort prospère ,
Pour en jouir , modérez-vous ;
 Car , même dans un grand verre ,
 Il faut boire *(ter.)* à petits coups.

 Philis , quel est ton effroi !
 La leçon te déplaît-elle ?
 Les petits coups , selon toi ,
Sentent le buveur qui chancelle.
Quel que soit le désir qui perce
Dans tes yeux , vifs comme tes goûts ,
 Du filtre qu'Amour te verse
 Il faut boire *(ter.)* à petits coups.

Oui, de repas en repas,
Pour atteindre à la vieillesse,
Ne nous incommodons pas,
Et soyons fous avec sagesse.
Amis, le bon vin que le nôtre !
Et la santé, quel bien pour tous !
Pour ménager l'un et l'autre,
Il faut boire *(ter.)* à petits coups.

LA TABLE.

Air du verre.

Le dieu des vers sur un laurier
Inscrit les fils de la Victoire ;
Le soldat, sur son bouclier,
Grave les marques de sa gloire.
Hier aux autels de Vénus
Je traçai mes vœux sur le sable ;
Aujourd'hui je suis chez Comus,
Je vais écrire sur la table.

Je hais le faste et la grandeur :
Chez moi point d'apprêts, d'étiquette ;

La franchise et la bonne humeur
Font les honneurs de ma retraite.
Là, je trouve un simple repas,
Que l'amitié rend délectable ;
Le plaisir, qu'on n'invite pas,
Sans façon s'assied à ma table.

Voyez ce superbe oppresseur :
Debout il veille sur son trône ;
S'il dort, dans un songe vengeur
Il voit s'échapper sa couronne.
Lucas, qui s'enivre gaîment ;
Surpris par un rêve agréable,
Se croit riche et trouve souvent
Une couronne sous la table.

J'aime toujours à voyager ;
Mais alors Bacchus m'accompagne.
A table je fais, sans bouger,
Un tour en Bourgogne, en Champagne ;
Lorsque, las de voir du pays,
Et devenu plus raisonnable,
Je veux visiter mes amis,
Je fais le tour de cette table.

Un jour, à la voix d'Atropos,

Il me faudra battre en retraite ;
Adieu, perdrix et dindonneaux,
Et vous, amis, que je regrette.
Ah ! n'attristez pas ce moment :
Point d'épitaphe lamentable ;
Je prétends mourir en buvant,
Et qu'on m'enterre sous la table.

HONNEUR AU VIN,

AMOUR AUX BELLES.

(*Chanson à deux fins.*)

Air : *J'étais bon chasseur autrefois.*

C'est dans le vin que de l'ennui
Nous trouvons le sûr antidote ;
Source du vrai bonheur, sans lui
L'homme ne vit point, il vivote.
Or, mes amis, jusqu'au tombeau,
Jurons de proclamer sa gloire :

Est-il donc un serment plus beau
Que celui de vivre pour boire ? *bis.*

Vive le vin ! fut-il jamais
Un mot d'ordre plus agréable ?
Chers compagnons que désormais
Lui seul nous réunisse à table ;
Qu'il soit toujours de nos chansons
Le sujet, le texte suprême ;
Et quand par lui nous commençons,
Que ce soit pour finir de même.

***

LE MORT VIVANT.

RONDE DE TABLE.

Air *des Bossus.*

Lorsque l'ennui pénètre dans mon fort,
Priez pour moi : je suis mort, je suis mort !
Quand le plaisir à grands coups m'abreuvant
Gaîment m'assiége et derrière et devant,
Je suis vivant, bien vivant, très vivant !

Un sot fait-il sonner son coffre-fort,
Priez pour moi : je suis mort, je suis mort ı
Volnay, pomard, beaune et moulin-à-vent,
Fait-on sonner votre âge en vous servant,
Je suis vivant, bien vivant, très vivant !

Des pauvres rois veut-on régler le sort,
Priez pour moi : je suis mort, je suis mort !
En fait de vin qu'on se montre savant ;
Dût-on pousser le sujet trop avant,
Je suis vivant, bien vivant, très vivant !

Faut-il aller guerroyer dans le Nord,
Priez pour moi : je suis mort, je suis mort !
Que, près du feu, l'un l'autre se bravant,
On trinque assis derrière un paravent,
Je suis vivant, bien vivant, très vivant ;

De beaux esprits s'annoncent-ils d'abord,
Priez pour moi : je suis mort, je suis mort !
Mais, sans esprit, faut-il mettre en avant
De gais couplets qu'on répète en buvant,
Je suis vivant, bien vivant, très vivant !

Suis-je au sermon d'un bigot qui m'endort,
Priez pour moi : je suis mort, je suis mort !

Que

Que l'amitié réclame un cœur fervent,
Que dans la cave elle fonde un couvent,
Je suis vivant, bien vivant, très vivant!

Monseigneur entre, et la liberté sort,
Priez pour moi : je suis mort, je suis mort !
Mais que Thémire, à table nous trouvant,
Avec l'Aï s'égaie en arrivant,
Je suis vivant, bien vivant, très-vivant !

Faut-il sans boire abandonner ce bord,
Priez pour moi : je suis mort, je suis mort !
Mais pour m'y voir jeter l'ancre souvent,
Le verre en main, quand j'implore un bon vent,
Je suis vivant, bien vivant, très vivant!

LE CULTE DU BUVEUR.

Air connu.

Aussitôt que la lumière
Vient redorer nos côteaux,
Je commence ma carrière
Par visiter mes tonneaux :

Chansonnier de Bacchus.   5

Ravi de revoir l'aurore,
Le verre en main , je lui dis :
Vois-tu sur la rive maure
Plus qu'en mon nez de rubis ?

Le plus grand roi de la terre ,
Quand je suis dans un repas ,
S'il me déclarait la guerre ,
Ne m'épouvanterait p as :
A table rien ne m'étonne ,
Et je crois , lorsque je boi
Si là-haut Jupiter tonne ,
Que c'est qu'il a peur de moi.

Si quelque jour étant ivre ,
La mort arrêtait mes pas ,
Je ne voudrais pas revivre
Pour changer ce doux trépas ,
Je m'en irais dans l'Averne
Faire enivrer Alecton ,
Et bâtir une taverne
Dans le manoir de Pluton.

Par ce nectar délectable ,
Le démon étant vaincu ,

Je ferais chanter au diable
Les louanges de Bacchus ;
J'apaiserais de Tantale
La grande altération ;
Et, passant l'onde infernale ,
Je ferais boire Ixion.

Au bout de ma quarantaine ,
Cent ivrognes m'ont promis
De venir , la tasse pleine ,
Au gîte où l'on m'aura mis ;
Pour me faire une hécatombe
Qui signale mon destin ,
Ils arroseront ma tombe
De plus de cent brocs de vin.

De marbre ni de porphyre
Qu'on ne fasse mon tombeau ;
Je ne veux jamais élire
Que le contour d'un tonneau ,
Et veux qu'on peigne ma trogne
Avec ces vers à l'entour :
« Ci-gît le plus grand ivrogne
» Qui jamais ait vu le jour. »

BON VIN ET FILLETTE.

Air : *Ma tante Urlerette.*

L'Amour, l'amitié, le vin,
Vont égayer ce festin ;
Nargue de toute étiquette !
    Turlurette ,
    Turlurette ,
Bon vin et fillette !

L'Amour nous fait la leçon :
Partout, ce dieu sans façon
Prend la nappe pour serviette.
    Turlurette ,
    Turlurette ,
Bon vin et fillette !

Que dans l'or mangent les grands,
Il ne faut à deux amans
Qu'un seul verre, qu'une assiette.
    Turlurette ,

Turlurette ,
Bon vin et fillette !

Sur un trône est-on heureux ?
On ne peut s'y placer deux :
Mais vive table et couchette !
Turlurette ,
Turlurette ,
Bon vin et fillette !

Si Pauvreté qui nous suit
A des trous à son habit ,
De fleurs ornons sa toilette.
Turlurette ,
Turlurette ,
Bon vin et fillette !

Mais que dis-je ? ah ! dans ce cas,
Mettons plutôt habit bas :
Lise en paraîtra mieux faite.
Turlurette ,
Turlurette,
Bon vin et fillette !

PLUS ON EST DE FOUS, PLUS ON RIT.

CHANSONNETTE BACHIQUE.

Air : *Tenez , je suis un bon homme.*

Des frelons bravant la piqûre ,
Que j'aime à voir dans ce séjour
Le joyeux troupeau d'Epicure
Se recruter de jour en jour !
Francs buveurs, que Bacchus attire
Dans ces retraites qu'il chérit,
Avec nous venez boire et rire....
Plus on est de fous, plus on rit.

Ma règle est plus douce et plus prompte
Que les calculs de nos savans ;
C'est le verre en main que je compte
Mes vrais amis, les bons vivans !
Plus je bois, plus leur nombre augmente ;
Et, quand ma coupe se tarit,

Au lieu de quinze j'en vois trente !....
Plus on est de fous, plus on rit.

Si j'avais une cave pleine
De vins choisis que nous sablons,
Et grande au moins comme la plaine
De Saint-Denis ou des Sablons,
Mon pinceau, trempé dans la lie,
Sur tous les murs j'aurais écrit :
« Entrez, enfans de la Folie....
» Plus on est de fous, plus on rit. »

« Entrez, soutiens de la sagesse,
» Apôtres de l'humanité ;
» Entrez, amis de la richesse ;
» Entrez, amans de la beauté !
» Entrez, fillettes dégourdies,
» Vieilles, qui visez à l'esprit ;
» Entrez, auteurs de tragédies....
» Plus on est de fous, plus on rit. »

Puisque notre vie a des bornes,
Aux enfers un jour nous irons ;
Et, malgré le diable et ses cornes,
Aux enfers un jour nous rirons....

L'heureux espoir !.... que vous en semble ?
Or, voici ce qui le nourrit :
Nous serons là-bas tous ensemble....
Plus on est de fous, plus on rit.

JOUISSONS DU TEMPS PRÉSENT.

Air connu.

Nous n'avons qu'un temps à vivre ;
Amis passons-le gaîment :
De tout ce qui peut le suivre,
N'ayons jamais aucun tourment.

A quoi sert d'apprendre l'histoire ?
N'est-ce pas la même partout ?
Apprenons seulement à bien boire ;
Quand on sait bien boire, on sait tout.
    Nous n'avons, etc.

Qu'un tel soit général d'armée ,
Que l'Anglais succombe sous lui;
Moi, qui suis sans renommée ,

Je ne veux vaincre que l'ennui.
   Nous n'avons, etc.

A courir sur terre et sur l'onde,
On perd trop de temps en chemin ;
Faisons plutôt tourner le monde,
Par l'effet de ce jus divin.
   Nous n'avons, etc.

Qu'un savant à chercher les planètes
Occupe son plus beau loisir ;
Je n'ai pas besoin de lunettes
Pour apercevoir le plaisir.
   Nous n'avons, etc.

Qu'un avide chimiste exhale
Sa fortune en cherchant de l'or ;
J'ai ma pierre philosophale
Dans un cœur qui fait mon trésor.
   Nous n'avons, etc.

Au grec, à l'hébreu je renonce ;
Ma maîtresse entend le français ;
Sitôt qu'à boire je prononce,
Elle me verse du vin frais.
   Nous n'avons, etc.

3..

LES VENDANGES.

Air : *Pierrot sur le bord d'un ruisseau.*

L'aurore annonce un jour serein ;
Vite à l'ouvrage !
Et reprenons courage.
Fillettes , flûte et tambourin ,
Mettez les vendangeurs en train.
Du vin qu'a fait tourner l'orage ,
Un vin nouveau bientôt consolera.
Amis , chez nous la gaîté renaîtra.
Ah ! ah ! la gaîté renaîtra.   *bis.*

Notre maire tourne à tout vent :
D'écharpe il change ,
Et de tout vin s'arrange.
Mais puisqu'ainsi ce bon vivant
De couleur changea si souvent ,
Qu'avec son écharpe il vendange ,
Et de vin doux on la barbouillera.
Amis , chez nous la gaîté renaîtra.
Ah ! ah ! la gaîté renaîtra.

Le juge qui , de vingt façons
    En robe noire,
    Explique son grimoire ,
Condamne jusqu'à nos chansons.
Mais grace au vin que nous pressons ,
    Que lui-même il chante après boire
La liberté , la gloire , *et cœtera.*
Amis , chez nous la gaîté renaîtra.
    Ah ! ah ! la gaîté renaîtra.

Si le curé , peu tolérant ,
    Gronde sans cesse ,
    Et veut qu'on se confesse ,
Son gros nez rouge nous apprend
L'intérêt qu'à nos vins il prend.
    Pour en boire ailleurs qu'à la messe ,
Sur chaque mort qu'il dise un *libera.*
Amis, chez nous la gaîté renaîtra.
    Ah ! ah ! la gaîté renaîtra.

Que du châtelain en souci
    L'orgueil insigne
    Au bonheur se résigne ,
Il verra les titres qu'ici
Noé nous a transmis aussi.

Ils sont sur des feuilles de vigne ;
Aux parchemins il les préférera.
Amis, chez nous la gaîté renaîtra.
Ah ! ah ! la gaîté renaîtra.

Beau pays, fertile et guerrier.
A la souffrance
Oppose l'espérance.
Au pampre tu peux marier
Olive, épi, rose et laurier.
Vendangeons, et vive la France!
Le monde un jour avec nous trinquera
Amis, chez nous la gaîté renaîtra.
Ah ! ah ! la gaîté renaîtra.

LE BUVEUR SANS SOUCI.

Air connu.

Dans les champs de la victoire,
Qu'un guerrier vole aux combats ;
Qu'il affronte le trépas,
Afin de vivre en l'histoire :

Et qu'est-c' qu'ça m'fait à moi ?
Je jouis mieux de la gloire :
Eh ! qu'est-c' qu'ça m'fait à moi,
Quand je chante et que je boi ?

Que pour dompter l'Amérique
L'Anglais s'épuise en vaisseaux ;
Qu'il se batte sur les eaux
Pour un projet chimérique ;
Eh ! qu'est-c' qu'ça m'fait à moi ?
J'ai le cœur plus pacifique :
Eh ! qu'est-c' qu'ça, etc.

Qu'un marchand souvent s'expose
Aux dangers pour s'enrichir ;
Qu'un amant pour le plaisir
Ni nuit, ni jour ne repose :
Eh ! qu'est-c' qu'çà m' fait à moi ?
De mes instans je dispose :
Eh ! qu'est-c' qu'ça , etc.

Qu'un raisonneur se signale
Par ses projets sur l'État ;
Qu'un habile magistrat
Des lois suive le dédale :

Eh ! qu'est-c' qu'ça m'fait à moi ?
Je n'en vois point qui m'égale ,
Eh ! qu'est-c' qu'ça , etc.

LE PETIT MOT

POUR RIRE.

Air : *C'est Geneviève dont le nom.*

La bonne chère et le bon vin ,
Premier éloge d'un festin ,
   Sont bien faits pour séduire ;
Mais ce n'est rien qu'un grand repas
Où la gaîté ne règne pas :
   Disons le mot ,
   Chantons le mot ,
Le petit mot pour rire.

Il faut aimer sincèrement ,
S'en faire un doux amusement ,
   Et jamais un martyre.
Un peu d'amour nous rend joyeux ;

Extrême , il nous rend ennuyeux :
Disons le mot , etc.

Donnons à nos amis absens
Moins de défauts que de talens ,
   Pas un trait de satire.
Ayons le sel de la gaîté ,
Et jamais de méchanceté :
   Disons le mot , etc.

Le vin ranime les propos ;
Il est le père des bons mots ;
   Sans chercher à les dire ,
Buvons ; peut-être en dirons-nous ;
Voisin , ils sont fréquens chez vous :
   Disons le mot , etc.

Dans ce séjour délicieux ,
Image de celui des dieux ,
   Le plaisir nous attire.
Enchaînons-le de tout côté....
Non , laissons-lui la liberté :
   Disons le mot , etc.

RONDE DE TABLE.

Air : *Pour étourdir le chagrin.*

Allons , mettons-nous en train ;
    Qu'on rie ,
    Et que la folie
D'un aussi joli festin
Vienne couronner la fin.

Si par quelques malins traits
Les convives se provoquent ,
Ici ce ne sont jamais
Que les verres qui se choquent.
    Allons , etc.

Le vin donne du talent
Et vaut , dit-on , une muse ;
Or donc , en me l'infusant,
J'aurai la science infuse.
    Allons , etc.

Amis, c'est en préférant

La bouteille à la caraffe,
Qu'on voit le plus ignorant
Devenir bon géographe.
    Allons, etc.

Beaune, pays si vanté !
Châblis, Mâcon, Bordeaux, Grave....
Avec quelle volupté
Je vous parcours dans ma cave !
    Allons, etc.

Champagne, ton nom flatteur
A bien plus d'attraits, je pense,
Sur la carte du traiteur
Que sur la carte de France.
Allons, etc.

A voir ainsi du pays
On s'expose moins sans doute;
Il vaut mieux, à mon avis,
Verser à table qu'en route.
Allons, etc.

Je sais qu'une fois en train
On est étendu par terre,

Tout aussi bien par le vin
Que par un vélocifère.

    Allons, etc.

Mais voyage qui voudra ;
A moins que l'on ne me chasse,
D'un an tel que me voilà
Je ne bongerai de place.

    Allons, etc.

Ce lieu vaut seul, en effet,
Toute la machine ronde,
Et le tour de ce banquet
Est pour moi le tour du monde.

    Allons, etc.

Il faudra pourtant, amis,
Fuir de ce séjour aimable....
En quittant ce paradis,
Nous nous donnerons au diable.

    Allons, etc.

TREIZE A TABLE.

Air : *De Préville et Taconnet.*

Dieu ! mes amis , nous sommes treize à table ,
Et devant moi le sel est répandu.
Nombre fatal ! présage épouvantable !
La Mort accourt ; je frissonne éperdu. *(ter.)*
Elle apparaît , esprit , fée ou déesse ,
Mais belle et jeune , elle sourit d'abord. *(bis.)*
De vos chansons ranimez l'allégresse ;
Non , mes amis , je ne crains plus la Mort.

Bien qu'elle semble invitée à la fête ,
Qu'elle ait aussi sa couronne de fleurs :
Seul je la vois, seul je vois sur sa tête
D'un arc-en-ciel resplendir les couleurs.
Elle me montre une chaîne brisée ,
Et sur son sein un enfant qui s'endort.
Calmez la soif de ma coupe épuisée ;
Non , mes amis , je ne crains plus la Mort.

« Vois , me dit-elle , est-ce moi qu'il faut
craindre ?

« Fille du ciel , l'Espérance est ma sœur.

« Dis-moi, l'esclave a-t-il droit de se plaindre

« De qui l'arrache aux fers d'un oppresseur?

« Ange déchu , je te rendrai les ailes

« Dont ici-bas te dépouilla le sort. »

Enivrons-nous des baisers de nos belles;

Non , mes amis , je ne crains plus la Mort.

« Je reviendrai , poursuit-elle , et ton ame

« Ira franchir tous ces mondes flottans ,

« Tout cet azur , tous ces globes de flamme

« Que Dieu sema sur la route du temps.

« Mais tant qu'au joug elle rampe asservie ,

« Goûte sans crainte un bonheur sans remord.»

Que le plaisir use en paix notre vie;

Non , mes amis , je ne crains plus la Mort.

Ma vision passe et fuit toute entière

Aux cris d'un chien , hurlant sur notre seuil.

Ah ! l'homme en vain se rejette en arrière

Lorsque son pied sent le froid du cercueil.

Gais passagers , au flot inévitable

Livrons l'esquif qu'il doit conduire au port.

Si Dieu nous compte, ah! restons treize à table ;

Non , mes amis , je ne crains plus la Mort.

CHANSON A BOIRE.

Air : *Le curé de Pomponne.*

Buvons, disait Anacréon,
    Buvons, disait Horace ;
Les Grecs, les Romains du bon ton,
    Les suivaient à la trace,
Mes amis, tant que nous boirons,
    Honorons leur mémoire,
    Fêtons dans ces lurons
        Les patrons
    De la chanson à boire.

Buvons ! disait ce Basselin,
    Père du Vaudeville ;
Son couplet bachique ou malin,
    Bientôt courut la ville ;
Laissant chanter au Troubadour
    Et l'amour et la gloire,
    Le plaisir, à son tour,
        Mit au jour
    Mille chansons à boire.

Buvons ! s'écriait, à Nevers,
Ce menuisier que j'aime ;
En buvant, il faisait ses vers ;
Il les chantait de même.
A ses coffres bien ou mal faits
Il ne doit pas sa gloire :
Il doit, chez les Français,
Ses succès
A ses chansons à boire.

Buvons ! buvons ! disait Allé,
Et Gallet, son confrère ;
Et Piron toujours accolé
Aux vrais amis du verre ;
A leurs bons mots chacun sourit ;
Or, la chose est notoire,
Messieurs, ce qui nourrit
Leur esprit,
C'est la chanson à boire.

Buvons ! disait le bon Panard,
En sablant le Champagne,
Entre le gracieux Favart
Et sa vive compagne !
Bon Panard, on doit, au dessert,

Entonner pour ta gloire ,
A chaque vin qu'on sert ,
   Un concert
De tes chansons à boire.

Iorgué , buvons ! disait Vadé
   Aux gens de la Courtille ,
t plus d'un broc était vidé
   Par plus d'un joyeux drille ;
e la fatigue et du chagrin
   Garde-t-on la mémoire ,
   Au bruit du tambourin ,
    Du crin crin ,
   Et des chansons à boire ?

Buvons ! ce mot , ce joli mot
   Finit bien des querelles ;
Par ce mot , certain dieu marmot
   Soumets bien des rebelles :
Et quand Nicole fait du train ,
   Son tendre époux Grégoire
   Prend , pour lui mettre un frein ;
    Le refrain
   D'une chanson à boire.

Buvons ! buvons ! dit en latin,
 Un chanoine en goguettes,
Sitôt qu'il voit le sacristain
 Apporter les burettes :
Potemus ! se chante au lutrin
 Ainsi qu'au réfectoire,
 Rien n'est donc plus divin
  Que le vin ,
 Et les chansons à boire.

Dans un caveau qu'on m'a vanté ,
 Les auteurs , vos modèles ,
A la bouteille , à la gaîté ,
 Furent toujours fidèles.
Pour vous réchauffer le cerveau ,
 Pour bannir l'humeur noire ,
 Essayons de nouveau
  Du caveau ,
 Et des chansons à boire.

CHANSON

CHANSON BACHIQUE,

Air : *Aussitôt que la lumière.*

Aimable dieu de la treille ,
Viens animer nos propos ;
Que ton jus qui nous éveille
Fasse partir les bons mots !
Célébrons avec ivresse
Ce dieu qui nous a soumis :
Buvons et chantons sans cesse
La bouteille et nos amis.

Chacun son goût, sa manie ,
La nôtre est d'aimer le vin ,
De passer gaîment la vie ,
Buvant ce nectar divin.
Déjà mes yeux qui se troublent
Rendent joyeux mes esprits ;
Car à la fois ils me doublent
La bouteille et mes amis.

Chanter et faire bombance ,
Tel est notre unique emploi :

Chansonnier de Bacchus.   4

Que chacun avec constance
Suive cette aimable loi.
Loin de ces lieux la tristesse,
Les chagrins et les soucis !
Mais conservons-y sans cesse
La bouteille et nos amis.

Je voudrais passer ma vie
Entre Bacchus et l'Amour ;
La nuit près de mon amie,
Et près du tonneau le jour.
Mon sort est digne d'envie
Quand près de moi l'on a mis
Grand verre, femme jolie,
La bouteille et mes amis.

CHANSON A BOIRE.

Air *du Confiteor.*

Pour détruire le genre humain,
Les dieux ont inondé la terre :
C'est un témoignage certain
Que l'eau fait pis que le tonnerre.

Amis , ne buvons jamais d'eau ;
Des dieux c'est le plus grand fléau.

Phaéton , ce jeune éventé ,
Qui voulut éclairer le monde ,
Par la foudre précipité ,
Du Pô s'en alla boire l'onde.
Amis , etc.

Le modèle fameux des sots ,
Le fat et l'orgueilleux Narcisse ,
Un jour se mirant dans les flots ,
Y trouva son juste supplice.
Amis , etc.

Icare , voulant jusqu'aux cieux
Élever son vol téméraire ,
De son projet audacieux
Dans l'onde reçut le salaire.
Amis , etc.

Ce peuple où Latone , en danger ,
Souffrit un si crnel outrage ,
En grenouilles s'est vu changer :
L'onde fut son triste breuvage,
Amis , etc.

Aux enfers un cruel destin
Fait soupirer les Danaïdes ;
Elles versent de l'eau sans fin
Pour expier leurs parricides.
Amis , etc.

Que les mortels étaient heureux
Dans l'âge où régnait l'innocence !
Il ne manquait rien à leurs vœux ;
Le vin coulait en abondance.
Buvons de ce jus précieux ;
C'est le plus beau présent des cieux.

Pour prix de sa rare vertu ,
Noé , ce fameux patriarche ,
Reçut du ciel le bois tortu
Sitôt qu'il fut sorti de l'arche.
Buvons de ce jus précieux ;
C'est le plus beau présent des cieux.

CHANSON BACHIQUE.

Air *de la Ruse inutile.*

Le bon vin donne du courage ;
Il dissipe le noir chagrin:
S'il arrive que, trop peu sage,
On prodigue ce jus divin ,
Dans la nuit on dort davantage
Pour mieux boire le lendemain.
Travailler , chanter , rire et boire ,
Voilà mes plaisirs et ma gloire.

Autrefois un jeune tendron
Me causait aussi quelque ivresse
Qui troublait parfois ma raison :
Mais l'amour vieillit la jeunesse ,
Et le vin soutient la vieillesse :
Il n'est point de comparaison.
Travailler , etc.

PRÉCIEUX AVANTAGES DU VIN,

CHANSONNETTE

*Faite après dîner, et offerte à la méditation
de tous les buveurs d'eau.*

Air à faire.

Lorsque j'ai bu du bon vin,
J'oublie aussitôt mes peines :
Loin de moi fuit tout chagrin,
Lorsque j'ai bu du bon vin.
C'est comme un beaume divin
Qui s'est glissé dans mes veines.
Lorsque j'ai bu du bon vin,
J'oublie aussitôt mes peines.

Lorsque j'ai bu du bon vin,
Tout est au mieux sur la terre.
Je rends grâces au destin,
Lorsque j'ai bu du bon vin.
Le tonnerre gronde en vain,

En vain l'on parle de guerre....
Lorsque j'ai bu du bon vin ,
Tout est au mieux sur la terre.

Lorsque j'ai bu du bon vin ,
J'ai payé toutes mes dettes,
Mon coffre-fort est tout plein.
Lorsque j'ai bu du bon vin ,
Je puis dépenser sans fin ,
Je compte sur mes recettes.
Lorsque j'ai bu du bon vin ,
J'ai payé toutes mes dettes.

Lorsque j'ai bu du bon vin ,
J'ose m'approcher des dames ;
Je suis moins timide , enfin ,
Lorsque j'ai bu du bon vin.
Je dois à ce jus divin
Quelques succès près des femmes.
Lorsque j'ai bu du bon vin ,
J'ose m'approcher des dames.

Lorsque j'ai bu du bon vin ,
Je suis rempli d'indulgence.
Je vois les sots sans dédain ,

Lorsque j'ai bu du bon vin.
Oui , du plus plat écrivain
J'excuse l'impertinence ;
Lorsque j'ai bu du bon vin ,
Je suis rempli d'indulgence.

Lorsque j'ai bu du bon vin ,
J'ai la croyance légère.
Je vois en beau mon prochain ,
Lorsque j'ai bu du bon vin :
Je tiens pour probe Scapin ,
Laïs pour chaste et sincère....
Lorsque j'ai bu du bon vin :
J'ai la croyance légère.

Lorsque j'ai bu du bon vin ,
De tout alors je m'amuse.
Je joue avec un pantin ,
Lorsque j'ai bu du bon vin.
Je ris des tours d'Arlequin ,
Tabarin me plaît , m'abuse....
Lorsque j'ai bu du bon vin ,
De tout alors je m'amuse.

Lorsque j'ai bu du bon vin ,

Je vais toujours à merveille.
Je nargue mon médecin,
Lorsque j'ai bu du bon vin.
Foin de ce vieux patelin !
Mon docteur, c'est ma bouteille....
Lorsque j'ai bu du bon vin,
Je vais toujours à merveille.

Lorsque j'ai bu du bon vin,
La mort ne m'étonne guère ;
Je la vois d'un œil serein,
Lorsque j'ai bu du bon vin ;
Je la prendrais par la main,
Et je lui tendrais mon verre :
Lorsque j'ai bu du bon vin,
La mort ne m'étonne guère.

Lorsque j'ai bu du bon vin,
Je jase comme une pie ;
Ma langue est un vrai moulin,
Lorsque j'ai bu du bon vin.
Si mes couplets sont sans fin,
Pardonnez, je vous en prie....
Lorsque j'ai bu du bon vin,
Je jase comme une pie.

CHANSON BACHIQUE.

Air connu.

Bon vin, braves gens et gaîté,
A table, voilà ma devise ;
Qu'on puisse boire en liberté,
Et converser avec franchise :
Versez donc, mes amis, versez,
Je n'en puis jamais boire assez.

Je veux qu'au gré de mes désirs
On chasse la mélancolie ;
Bacchus partage ses plaisirs
Entre l'Amour et la Folie.
Versez, etc.

Quand on chôme le dieu Bacchus,
L'Amour est toujours de la fête :
On perd son cœur avec Vénus,
Quand avec lui l'on perd la tête.
Versez, etc.

De rimer ne nous piquons pas,
Quand nous nous trouvons sous la treille ;
On est trop sujet aux faux pas ,
Quand on a vidé sa bouteille.
Versez , etc.

Souvent un raccommodement
D'une rasade fut l'affaire ;
Et toute rancune , en buvant ,
Reste bientôt au fond du verre.
Versez , etc.

Le vin est toujours de saison ,
On se plaît dans sa douce ivresse,
Tout ce qu'il ôte à la raison ,
Tourne au profit de la tendresse.
Versez , etc.

Au banquet de la liberté ,
Également il se partage ,
Et réduit à l'égalité
Le plus fou , comme le plus sage.
Versez , etc.

De Bacchus je fais un héros ,

Je trouve sa liqueur civique ;
En découvrant plus d'un complot,
Il a sauvé la république.
Versez , etc.

TRINQUONS !

Air : *Bonjour , bonsoir.*

Nous pouvons au dessert
Rimer malgré Minerve ,
Lorsque Bacchus nous sert
A former un concert ;
Ayons donc en réserve
Quelques bons vieux flacons ,
Et pour nous mettre en verve
Trinquons !

Le vin servit Panard
Mieux que l'eau du Permesse;
Un chansonnier canard
N'aurait pas eu son art :
Bacchus donne sans cesse
Le courage aux Gascons ,

Aux

Aux auteurs la richesse....
Trinquons !

Des Zéphirs caressans
Quand l'haleine légère
Vient ranimer nos sens
Et nos gazons naissans,
Pour fléchir la bergère
Qu'en vain nous attaquons,
Au bois sur la fougère,
Trinquons !

Malgré Zéphire en pleurs,
Quand de longues journées
Sèchent par leurs chaleurs
Nos gosiers et nos fleurs,
Nos fleurs tombent fanées ;
Nous qui les remarquons,
Pour fuir leurs destinées,
Trinquons !

Forcés de nous rasseoir
Lorsqu'il tonne en automne,
Restons dans le pressoir
Du matin jusqu'au soir :

Pour oublier qu'il tonne,
En buveurs rubiconds,
Sur le cul d'une tonne
   Trinquons !

Pendans nos longs hivers
Plus de jeux sur l'herbette :
Nos prés, nos gazons verts
De neige sont couverts :
La vigne qu'elle arrête
Languit sous ses flocons ;
Mais.... la vendange est faite,
   Trinquons !

Profitons des instans ;
Trinquons dans le bel âge ;
Trinquons lorsque le temps
Vient nous rendre impotens !
Et pour le grand voyage
Quand nous nous embarquons,
Gaîment sur le rivage
   Trinquons !

LES GOURMANDS ,

A MM. LES GASTRONOMES.

Air : *Tout le long de la rivière.*

Gourmands , cessez de nous donner
La carte de votre dîner :
Tant de gens qui sont au régime
Ont droit de vous en faire un crime.
Et d'ailleurs , à chaque repas ,
D'étouffer ne tremblez-vous pas ?
C'est une mort peu digne qu'on l'admire.
Ah ! pour étouffer , n'étouffons que de rire ;
N'étouffons , n'étouffons que de rire.

La bouche pleine , osez-vous bien
Chanter l'Amour , qui vit de rien ?
A l'aspect de vos barbes grasses ,
D'effroi vous voyez fuir les Graces :
Ou , de truffes en vain gonflés ,
Près de vos belles vous ronflez.
L'embonpoint même a dû parfois vous nuire.

Ah ! pour étouffer , n'étouffons que de rire,
N'étouffons , n'étouffons que de rire.

Vous n'exaltez, maîtres gloutons,
Que la gloire des marmitons :
Méprisant l'auteur humble et maigre
Qui mouille un pain bis de vin aigre ;
Vous ne trouvez le laurier bon
Que pour la sauce et le jambon ;
Chez les Français quel étrange délire!
Ah! pour étouffer , n'étouffons que de rire ;
N'étouffons , n'étouffons que de rire.

Pour goûter à point chaque mets,
A table ne causez jamais ;
Chassez-en la plaisanterie ;
Trop de gens , dans notre patrie,
De ses charmes étaient imbus ;
Les bons mots ne sont qu'un abus.
Pourtant, messieurs, permettez-nous d'en dire.
Ah! pour étouffer , n'étouffons que de rire;
N'étouffons , n'étouffons que de rire.

Français, dînons pour le dessert :
L'Amour y vient, Philis le sert :

Le bouchon part, l'esprit pétille ;
La Décence même y babille ,
Et par la Gaîté, qui prend feu,
Se laisse coudoyer un peu.
Chantons alors l'aï qui nous inspire.
Ah ! pour étouffer, n'étouffons que de rire ;
N'étouffons, n'étouffons que de rire.

CHANSON BACHIQUE.

Air : *Confiteor*.

Le vieux Silène à ses amis ,
Entre la poire et le fromage ,
Un jour montra ses cheveux gris ;
Et leur adressa ce langage :
De vieux amis et du vin vieux
Sont les plus doux présens des cieux.

Malgré les maux et les tourmens
Que dans la vieillesse on éprouve ,
Elle a de certains agrémens ,
Et voici comme je le prouve :
De vieux amis , etc.

Mon printemps est bien loin de moi,
Et déjà mon été s'envole :
En faut-il pleurer ? Non, ma foi.
Par ce refrain je me console :
De vieux amis, etc.

Contre le temps, prompt à passer,
C'est mal à propos que l'on boude;
Quand la tête vient à baisser,
Pour boire on hausse mieux le coude.
De vieux amis, etc.

Mes chers enfans, jusqu'au moment
Où nos yeux ne verront plus goutte ;
Verre en main voyons-nous souvent,
Et buvons la petite goutte,
De vieux amis, etc.

Que des dieux l'auguste pouvoir,
Jusqu'à la fin de ma carrière,
Me conserve un œil pour vous voir,
Une main pour porter mon verre.
De vieux amis, etc.

Silène se tut à ces mots,
Et ses yeux pleuraient de tendresse.

Tout ce qu'il dit est à propos ;
Et j'y trouve de la sagesse.
De vieux amis, etc.

Dans ce beau séjour, dieu merci,
Nous avons ce double avantage ;
Puissions-nous, ce siècle fini,
Répéter le même langage :
De vieux amis et du vin vieux
Sont les plus doux présens des cieux !

VERSEZ TOUJOURS.

Air : *Ça ne dur'ra pas toujours.*

Vénus, sois favorable
Aux galans troubadours !
Moi, pour chanter à table,
Au vin seul j'ai recours ;
Versez, versez toujours ! *(4 fois en chœur.)*

Sans boire on ne peut rire,
Les sens sont froids et lourds ;
Mais le bon vin inspire

Les plus piquans discours !
Versez , versez toujours !

Bien souvent on sommeille ;
Juché sur le velours ;
On est gai sous la treille ,
Et c'est là que je cours.
Versez , versez toujours !

Le vin à la vieillesse
Procure de beaux jours ;
Le vin à la tendresse
Offre un puissant secours.
Versez , versez toujours !

Le vin tourne les têtes ;
Ce sont là de ses tours ;
Cherchez-vous des conquêtes
Au pays des Amours ?
Versez , versez toujours !

Sous un lin nos coquettes
Cachent d'heureux contours ;
Mais Bacchus en goguettes ,
Chiffonne leurs atours :
Versez , versez toujours !

Propageons dans la ville ,
Portons dans les faubourgs
Ce refrain plus utile
Que tous les calembourgs ?
Versez , versez toujours !

S'il choque la sagesse ?
Moi , je dis au rebours :
Il peint mieux l'allégresse
Que fifres et tambours.
Versez , versez toujours !

Que l'on chante à la ronde ?
De Paris jusqu'à Tours,
Et que l'on se réponde
De Tours jusqu'à Nemours :
Versez , versez toujours !

Buvons jusqu'au délire ,
Et marquons bien les tours ;
J'espère le mieux dire
Dans ce charmant concours :
Versez , versez toujours !

Garçons ! que l'on nous serve

5..

Le nectar des Pandours ,
Et que Dieu me préserve
De parler à des sourds !
Versez, versez toujours !

Du Champagne , du Grave,
Et point de sots détours ;
Que l'on cherche à la cave ,
Au grenier, dans les cours.
Versez, versez toujours !

Le temps fuit et nous presse ,
Nos dîners sont trop courts ;
De ma joyeuse ivresse
Ah ! prolongez le cours !
Versez, versez toujours !

L'APPÉTIT VIENT EN MANGEANT.

Air : *Frère Pierre à la cuisine.*

Parfois l'homme sans courage
Craint la mort dans les combats,
Les dangers du mariage ,

Les excès d'un grand repas,
    Inconstant,
    A l'instant
Il change de caractère.
En amour, à table, en guerre.
L'appétit vient en mangeant. *(ter.)*

L'amour est tant douce chose ;
Que chaque belle a son tour ;
A quinze ans l'aimable Rose
Rougissait au mot d'amour :
    Maintenant
    Un amant,
Quant à Rose il a su plaire,
A toujours plus d'un confrère....
L'appétit vient en mangeant.

Jadis, peu digne d'envie,
J'étais l'ennemi du vin :
Pour le bonheur de ma vie,
J'ai goûté ce jus divin.
    Doux moment !
    Constamment,
Pour en garder la mémoire,
Nuit et jour je voudrais boire....
L'appétit vient en mangeant,

Friponneau dans sa jeunesse ,
Végétant à peu de frais ,
Engraissant avec adresse
Quelques innocens procès :

    Dissertant ,

    Radotant ,

Aujourd'hui son talent brille ;
Sans pudeur il vole , il pille....
L'appétit vient en mangeant.

Dans son jeune âge , Glycère
Jouait avec les Amours ;
Elle cherche encore à plaire...
Femme veut charmer toujours.

    Sans amant ,

    Tristement

Elle finit sa carrière.
Hélas ! faut-il qu'à Cythère
L'appétit vienne en mangeant ! *(ter.)*

RONDE A BOIRE.

Air : Chantons le mai ,
     Plantons le mai. *(de Laujon.)*

    Chantons le vin ,
    Fêtons le vin ,
    Le vin , le vin ,
Le vin seul est divin.

Amis , c'est lui qui nous rassemble ;
Chantons donc et buvons ensemble.
    Le vin , le vin ,
    Qu'on ne boit pas en vain ,
    Le vin , le vin ,
    Qui nous met tous en train.
    Chantons le vin , etc.

Qui sait rafraîchir la jeunesse ?
Qui sait réchauffer la vieillesse ?
    Le vin , le vin ,
    Qu'on ne boit pas en vain ,
    Le vin , le vin ,

Qui nous met tous en train,
   Chantons le vin , etc.

Aux lieux où règne l'étiquette ,
Qui fait préférer la guinguette ?
    Le vin , le vin ,
  Qu'on ne boit pas en vain ,
    Le vin , le vin ,
  Qui nous met tous en train ,
    Chantons le vin , etc.

Qui donne la force aux vieux drilles ,
Les faiblesses aux jeunes filles ?
    Le vin , le vin ,
  Qu'on ne boit pas en vain ,
    Le vin , le vin ,
  Qui nous met tous en train,
    Chantons le vin , etc.

Qui rend les débiteurs ingambes ?
Aux huissiers , qui casse les jambes ?
    Le vin , le vin ,
  Qu'on ne boit pas en vain ,
    Le vin , le vin ,
  Qui nous met tous en train.
    Chantons le vin , etc.

Qui nous rappelle nos grisettes ?
Qui nous fait oublier nos dettes ?
Le vin , le vin ,
Qu'on ne boit pas en vain ;
Le vin , le vin ,
Qui nous met tous en train.
Chantons le vin, etc.

Du bonheur qui double les charmes ?
Du malheur qui sèche les larmes ?
Le vin , le vin ,
Qu'on ne boit pas en vain ,
Le vin , le vin ,
Qui nous met tous en train.
Chantons le vin, etc.

Qui nous fait supporter la table
D'un gros milord insupportable ?
Le vin , le vin ,
Qu'on ne boit pas en vain ;
Le vin , le vin ,
Qui nous met tous en train ;
Chantons le vin, etc.

Au printemps , aux fleurs qu'il nous donne,

Qui nous fait préférer l'automne ?
Le vin , le vin ,
Qu'on ne boit pas en vain ,
Le vin , le vin ,
Qui nous met tous en train.
Chantons le vin , etc.

Enfin ; à chaque table ronde ,
Qui fera circuler ma ronde ?
Le vin , le vin ,
Qu'on ne boit pas en vain ,
Le vin , le vin ,
Qui nous met tous en train.
Chantons le vin , etc.

LE PAN PAN BACHIQUE ,

Même air que le précédent.

Lorsque le Champagne
Fait en s'échappant
Pan pan ,
Ce doux bruit me gagne
L'âme et le tympan.

Le Mâcon m'invite ,
Le Beaune m'agite ,
Le Bordeaux m'excite ,
Le Pomard me séduit ;
J'aime le Tonnerre ,
J'aime le Madère ;
Mais par caractère ,
Moi qui suis pour le bruit...
Lorsque le Champagne , etc.

Quand , aidé du pouce ,
Le liége que pousse
L'écumante mousse
Saute et chasse l'ennui ,
Vite je présente
Ma coupe brûlante ,
Et gaîment je chante
En sautant avec lui :
Lorsque le Champagne ; etc.

Qu'Horace en goguette ,
Courant la guinguette ,
Verse à sa grisette
Le Falerne si doux ;
S'il eût, le cher homme ,

Connu Paris comme
Il connaissait Rome,
Il eût dit avec nous :
    Lorsque le Champagne, etc.

    Panard, notre maître,
    Dut au doux bien être
    Que ce jus fait naître
Le sel de ses bons mots ;
    Et l'auteur unique
    Du *Roman Comique*
    Dut à ce topique
L'oubli de tous ses maux.
    Lorsque le Champagne, etc.

    Maîtresse jolie
    Perd de sa folie,
    Se fane et s'oublie,
Victime des hivers ;
    Mais ma Champenoise,
    Grise comme ardoise,
    En est plus grivoise
Et me dicte ces vers :
    Lorsque le Champagne, etc.

    De ce véhicule

Où roule et circule
Maint et maint globule,
Si le feu me séduit,
C'est que de ma tête,
Qu'aucun frein n'arrête,
L'image parfaite
Toujours s'y reproduit.
Lorsque le Champagne, etc.

Quand de la folie
La vive saillie
S'arrête affaiblie
Vers la fin du banquet,
Qui vient du délire
Remonter la lyre ?
Du jus qui m'inspire
C'est le divin bouquet.
Lorsque le Champagne, etc.

Pour calmer la peine,
Adoucir la gêne,
Éteindre la haine
Et dissiper l'effroi,
Que faut-il donc faire ?
Sabler à plein verre

Ce vin tutélaire,
Et chanter avec moi :

Lorsque le Champagne
Fait en s'échappant
 Pan pan ,
Ce doux bruit me gagne
L'âme et le tympan.

DÉDICACE

D'UN SALON A MANGER.

Air : *Chantez , dansez , amusez-vous.*

Dieu des buveurs , Dieu des gourmands ,
Ce salon est votre chapelle ;
Puissions-nous tous dans cinquante ans
Faire dédicace nouvelle ,
Et surtout sabler du meilleur ,
Dieu des raisins , en votre honneur !

Quand le Champagne à nos cerveaux

Portera son léger délire,
Loin des tartuffes et des sots,
Nous y dirons le mot pour rire,
En dînant chez la liberté,
J'ai pour convive la gaîté.

Qu'à vos festins messieurs les grands,
Dame étiquette vous rassemble;
Ici nous oublions les rangs,
Heureux du plaisir d'être ensemble :
L'ennui va bâiller avec vous,
Et le plaisir trinque avec nous,

Le plaisir, ce petit fripon,
Préfère un petit ermitage
A cette brillante prison,
Où rien n'est grand que l'esclavage :
Nous, nous avons, pour être heureux,
La paix, la joie et du vin vieux,

Socrate fit bâtir jadis
Maisonnette en un coin d'Athène,
Souhaitant que de vrais amis
Un jour elle pût être pleine.
Il était réduit au désir,
Et nous en avons le plaisir,

LA MORT SUBITE,

COUPLETS POUR UN DINER.

Air : *Du ballet des Pierrots.*

Mes amis , j'accours au plus vîte ;
Car vous ne pardonneriez pas ,
A moins , dit-on , de mort subite ,
De manquer à ce gai repas.
En vain l'amour qui me lutine
Pour m'arrêter tente un effort ;
Avec vous il faut que je dîne :
Mes amis , je ne suis pas mort.

Mais bien souvent , quoiqu'heureux d'être ,
On meurt sans s'en apercevoir.
Ah ! mon Dieu ! je suis mort peut-être ,
C'est ce qu'il est urgent de voir
Je me tâte comme Sosie ;
Je ris , je mange et je bois fort ;
Ah ! je me connais à la vie :
Mes amis , je ne suis pas mort.

Si j'allais, couronné de lierre,
Ici fermer les yeux soudain ;
En chantant, remplissez mon verre ;
Et de vos mains pressez ma main.
Si Bacchus, dont je suis l'apôtre,
Ne m'inspire un joyeux transport,
Si ma main ne serre la vôtre,
Adieu, mes amis, je suis mort !

LE DINER.

Air : *Tout est petit dans cette ville.*

De tous les instants de la vie,
Qu'un autre aime et vante surtout
Ceux qu'il passe auprès de sa mie ;
Ici bas chacun a son goût.
A mes transports, près de Glycère,
Je me plais à m'abandonner ;
Mais le moment que je préfère,
Amis, c'est celui du dîner.

A peine la table est servie,
Que chacun jouit en secret ;

Plus elle se trouve garnie ;
Plus à tous elle offre d'attrait.
De trop parler on se dispense ;
On mange , on boit sans raisonner.
Amis , que j'aime le silence
Du commencement du dîner !

Pourtant , bientôt la faim s'apaise :
On sait encor ce que l'on dit.
On savoure plus à son aise
Mets qui réveillent l'appétit
Par l'odeur d'un vin qui pétille
On se laisse alors entraîner :
Le verre est plein.... la gaîté brille....
On est au milieu du dîner.

Mais entendez chaque convive
Célébrer Bacchus et l'Amour :
Dans son humeur joyeuse et vive,
Il boit et chante tour à tour.
Loin toute morale profonde :
On perdrait son temps à prôner.
Non , mes amis , non, rien au monde,
Rien ne vaut la fin du dîner.

Si je pouvais , comme Dieu même ,

Quelque

Quelque temps régir l'univers ;
Je laisserais, dans mon système,
Tels qu'ils sont, les monts et les mers ;
Mais, pour illustrer mon empire,
Aux hommes je voudrais donner
Plus d'appétit, moins de martyre,
Et rendre éternel le dîner.

LES DINERS SANS FEMMES.

Air : *Avec la pipe de tabac.*

Ces biens, que le vulgaire prône,
Valent-ils un joyeux repos ?
Laissons aux rois l'ennui du trône,
Et la soif du sang aux héros.
Des biens plus doux charment nos âmes,
Puisque dans ce jour solennel,
Le sort nous réunit sans femmes
Autour d'un banquet fraternel.

Ici l'étiquette captive,
N'afflige pas le sentiment;

Sur le front de chaque convive
On voit rayonner l'enjoûment.
Nous fêtons le dieu de la tonne ,
En vrais amis , en vrais buveurs ;
Et le Champagne qui bouillonne
Confond nos verres et nos cœurs.

Voulez-vous tuer nos saillies ,
Nos bons mots , nos transports si doux ?
Faites que dix femmes jolies.
Prennent place au milieu de nous.
Vaincus soudain par leur adresse ,
Nos cœurs languiront attristés ;
Car l'amour ôte à l'allégresse
Ce qu'il ajoute aux voluptés.

Avec art il faudra sourire ,
Composer jusqu'à son maintien ;
Ici tout penser sans rien dire ,
Là dire tout sans penser rien.
Les vins, les mets, la bonne chère
Cesseront de nous réjouir ;
Nous ne songerons plus qu'à plaire ,
Et nous oublirons de jouir.

Encor si la gêne importune
Prévenait tout fâcheux transport ;
Si chacun avec sa chacune
Formait un couple bien d'accord !
Mais , en public , la jalousie
Des amans trouble la raison ;
Comus leur servait l'ambroisie ,
Vénus leur verse le poison.

Réglons mieux notre destinée ,
Prévenons de soucis affreux ;
L'art de partager sa journée
Tient de près à l'art d'être heureux.
Amis , restons tels que nous sommes ;
Nos sens peuvent-ils nous tromper ?
Pour le dîner gardons les hommes ,
Et les femmes pour le souper.

LES LOIS DE LA TABLE.

Air : *Je suis une vigne nouvelle,*

Point de gêne dans un repas ;
Table fût-elle au mieux garnie ;

Il faut, pour m'offrir des appas,
Que la contrainte en soit bannie.
Toutes les maisons où j'en voi
    Sont des lieux que j'évite :
Amis, je veux être chez moi
    Partout où l'on m'invite.

Quand on est sur le point d'honneur,
Quel désagrément on éprouve !
Point de haut bout : c'est une erreur ;
Il faut s'asseoir comme on se trouve ;
Surtout qu'un espace assez grand
    En liberté nous laisse :
Même auprès d'un objet charmant
    Comus défend la presse.

Fuyons un convive pressant.
Dont les soins importuns nous choquent,
Et qui nous tue en nous versant
Des rasades qui nous suffoquent :
Je veux que chacun sur ce fait
    Soit libre sans réserve,
Qu'il soit son maître et son valet,
    Qu'à son goût il se serve.

Tout ce qui ne plaît qu'aux regards
A l'utilité je l'immole :
D'un buffet chargé de cent marcs
La montre me paraît frivole ;
Je ris tout bas lorsque je vois
    L'élégant édifice
D'un surtout qui pendant six mois
    Rentre entier dans l'office.

De ces mets joliment arrangés
Le compartiment méthodique,
Malgré les communs préjugés,
Me paraît sujet à critique :
A quoi cet optique est-il bon ?
    Dites-moi, je vous prie,
Sert-on pour les yeux, et doit-on
    Manger par symétrie ?

Se piquer d'être grand buveur
Est un abus que je déplore :
Fuyons ce titre peu flatteur ;
C'est un honneur qui déshonore.
Quand on boit trop on s'assoupit,
    Et l'on tombe en délire :

5.

Buvons pour avoir de l'esprit ,
    Et non pour le détruire.

Casser les verres et les pots ,
C'est ingratitude et folie :
Quelquefois il est à propos
De boire aux attraits de Sylvie ;
Mais ne soyons point assez sots ,
    Dans nos bouillants caprices ,
Pour détruire et mettre en morceaux
    Ce qui fait nos délices.

Qu'aucun de nous pour son talent
Ne se fasse jamais attendre ;
Que sa voix ou son instrument
Parte dès qu'on voudra l'entendre ;
Mais qu'il cesse avant d'ennuyer :
    O l'insupportable homme
Qui par son art croit égayer
    Des amis qu'il assomme !

Des rois les importans secrets
Doivent pour nous être un mystère ;
Il faut , pour fuir de vains regrets,
Tout voir, tout entendre , et se taire ;
Respectons dans nos entretiens

Ceux que les dieux ordonnent ;
Goûtons et méritons les biens
   Que leur bonté nous donnent.

Quand on devrait me censurer,
Je tiens, amis, pour véritable
Que la raison doit mesurer
Les plaisirs mêmes de la table :
Je veux, quand le fruit est servi,
   Que chacun se réveille ;
Mais il faut quelque ordre, et voici
   Celui que je conseille :

Dans les chansons point d'aboyeurs ,
Dans les transports point de tumulte,
Dans les récits point de longueurs ,
Dans la critique point d'insulte ;
Vivacité sans jurement ,
   Liberté sans licence ,
Dispute sans emportement,
   Bons mots sans médisance.

LES DINERS CHAMPÊTRES.

Air du vaudeville de la Soirée orageuse.

Dans tous les dîners d'apparat
L'Ennui lentement se promène :
Un homme en place ou bien un fat
Vous y tiennent comme à la gêne.
Le froid mortel de la Grandeur
Défend au Plaisir de paraître :
Pour flatter l'esprit et le cœur
Rien ne vaut un dîner champêtre.

En vain dans un salon brillant
Le Luxe étale sa parure ;
A moins de frais on est content
Des dons de la simple Nature.
Recherche et langage imposteur
A la ville plairont peut-être ;
Esprit simple avec un bon cœur
Charment mieux au dîner champêtre.

Aux banquets les plus somptueux ,
Où tout le séduit et l'enflamme ,

Dans ses désirs impétueux
L'homme sent-il encor son âme ?
Non , le repas est bien meilleur
Sur le gazon qui vient de naître....
Pour l'amitié , pour le bonheur
Rien ne vaut un dîner champêtre.

LE VIN DE CHAMPAGNE.

Air des Filles à marier.

Un bon repas est un feu d'artifice ,
Dont chaque vin double l'éclat joyeux ,
Où du plaisir l'étincelle propice
Se réfléchit et brille dans les yeux ;
Le gai champagne est la gerbe enivrante
Qui doit combler les plaisirs du banquet ,
Et l'assemblée enfin ne sort contente
Qu'après avoir vu partir le bouquet.

FIN.

TABLE.

	pages.
La grande orgie.	5
La bouteille.	9
Le vin.	11
Trinquons.	12
Le pouvoir du vin.	15
Madame Grégoire.	17
Le coup du milieu.	20
Les fruits rouges.	22
La bouteille volée.	23
Pouvoir du vin de Bourgogne.	25
Le champagne.	28
Les petits coups.	30
La table.	32
Honneur au vin, amour aux belles.	34
Le mort vivant.	35
Le culte du buveur.	37
Bon vin et fillette.	40
Plus on est de fous, plus on rit.	42
Jouissons du temps présent.	44

	pages.
Les vendanges.	46
Le buveur sans souci.	48
Le petit mot pour rire.	50
Ronde de table.	52
Treize à table.	55
Chanson à boire.	57
Chanson bachique.	61
Chanson à boire.	62
Chanson bachique.	65
Précieux avantages du vin , chansonnette faite après dîner , et offerte à la méditation de tous les buveurs d'eau.	66
Chanson bachique.	70
Trinquons !	72
Les gourmands , à MM. les gastronomes.	75
Chanson bachique.	77
Versez toujours.	79
L'appétit vient en mangeant.	82
Ronde à boire.	85
Le pan pan bachique.	88
Dédicace d'un salon à manger.	92
La mort subite , couplets pour un dîner.	94
Le dîner.	95
Les dîners sans femmes.	97

	pages.
Les lois de la table.	99
Les diners champêtres.	104
Le Champagne.	105

FIN DE LA TABLE.

www.ingramcontent.com/pod-product-compliance
Lightning Source LLC
Chambersburg PA
CBHW060632100426
42744CB00008B/1597